Couverture inférieure manquante

Début d'une série de documents
en couleur

L'ERMITE LOTHER

(SANCTUS LOTHARIUS)

ÉVÊQUE DE SÉES

Son Tombeau a Saint-Lohier-des-Champs

Son Origine Austrasienne

et

LES SIRES DE SAINT-LOHIER

Par Louis DUVAL

ARCHIVISTE DU DÉPARTEMENT DE L'ORNE

ARGENTAN

IMPRIMERIE DU " JOURNAL DE L'ORNE "

6, RUE DU COLLÈGE, 6

—

1903

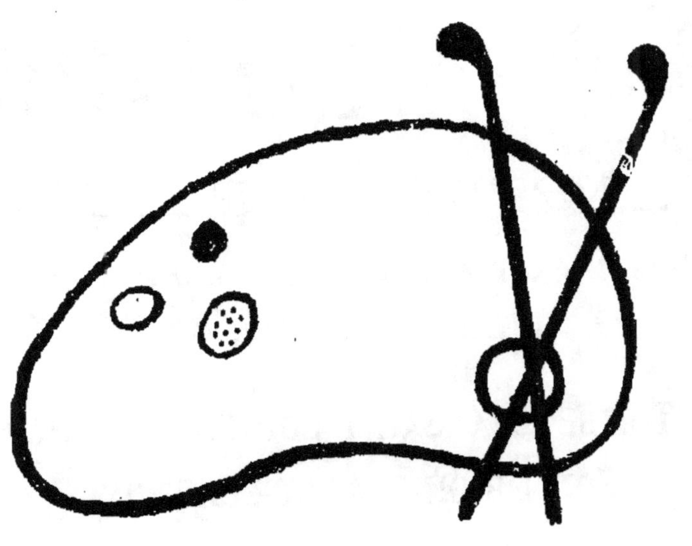

Fin d'une série de documents
en couleur

L'ERMITE LOTHER

(SANCTUS LOTHARIUS)

ÉVÊQUE DE SÉES

Son Tombeau a Saint-Lohier-des-Champs

Son Origine Austrasienne

ET

LES SIRES DE SAINT-LOHIER

Par Louis DUVAL

ARCHIVISTE DU DÉPARTEMENT DE L'ORNE

ARGENTAN

IMPRIMERIE DU " JOURNAL DE L'ORNE "

6, RUE DU COLLÈGE, 6

1903

L'ERMITE LOTHER

SUR TOMBEAU À SAINT-MÉDIER-DES-CHAMPS

SON ÉPOQUE AUSTRASIENNE

LES SIÈCLE DE SAINT-LOTHER

Par Louis OLIVAL

AURASLIA

Imprimerie

Du chemin de fer de Caen au Mans, à quatre kilomètres environ d'Argentan, un clocher pittoresque se dessine au-dessus de la colline qui borne l'horizon à droite, tandis que sur la gauche la vue plonge jusqu'à la vallée d'Orne et sur la forêt de Gouffern. C'est Saint-Lohier-des-Champs.

Près de l'église, de modeste apparence, s'élève une chapelle non moins modeste et de construction assez récente, qui renferme un petit monument digne d'attention.

C'est un tombeau, composé d'un bloc de pierre, dont la partie inférieure affecte la forme d'un prisme rectangulaire sur trois de ses faces, tandis que le sommet, taillé en couvercle triangulaire, représente un toit, à deux égouts, orné d'imbrications en dents de scie figurant des tuiles.

Ces sculptures n'existent d'ailleurs que sur une des faces du monument, ce qui indique qu'il n'occupait pas primitivement le milieu de l'humble chapelle qui l'abrite, laquelle a dû être construite pour remplacer un oratoire beaucoup plus ancien tombé en ruine. Les archéologues qui l'ont visité, notamment M. de Glanville, directeur de l'Association Normande, sont d'avis qu'il dut d'abord être placé sous une arcade placée dans l'épaisseur de la chapelle primitive, disposition généralement adop-

tée pour les tombeaux, à partir du xiie siècle.

Vers l'une de ses extrémités, celle qui
semble correspondre à la place qu'occupait la tête du défunt, c'est-à-dire vers
l'Ouest, les pieds étant tournés du côté de
l'autel A la base du couvercle et sur la
face opposée à celle qui était engagée primitivement dans la muraille, sous une arcade voûtée, on remarque une cavité creu-
sée dans la pierre et se terminant en en-
tonnoir, de forme carrée, à la manière des
piscines. Cette disposition, tout à fait particulière et faite pour fixer l'attention des
curieux, trouve son explication dans le
mode de sépulture usité au moyen âge pour
les personnages éminents dont on voulait
honorer la mémoire. Dans ce cas, le sarcophage en pierre qui renfermait leur corps
était simplement déposé dans le sol, mais
au-dessus on élevait un petit monument ou
cénotaphe, plus ou moins orné, en forme
de châsse, marquant la place de la sépulture, comme dans le cas actuel, ou de tombeau, richement orné, figurant un lit funè-
bre, sur lequel était la représentation du
défunt, soit gravée, soit en sculpture.

Dans le cénotaphe en forme de châsse,
que nous examinons, la petite ouverture
qu'on y remarque avait été pratiquée dans
le but de permettre au visiteur de mettre
certains objets, de petit volume, en contact
direct avec le sarcophage lui-même ; elle
annonce, dit M. de Glanville, que le corps
était un objet de vénération pour les popu-
lations qui s'empressaient de toucher le

sarcophage ou d'en approcher. Cette disposition d'ailleurs n'est pas exceptionnelle; elle s'observe assez fréquemment sur les tombeaux de certains personnages considérés comme saints, ou simplement comme vénérables.

Malheureusement tout ce que nous savons de certain sur celui qui y fut inhumé peut se résumer en quelques lignes.

Il résulte du témoignage du P. Marin Prouverre, religieux du couvent des Dominicains d'Argentan, en son *Histoire ecclésiastique du Diocèse de Sais,* composée en 1624, que le lieu où le saint personnage dont on vient de parler et où son tombeau se voit encore, faisait partie, a l'époque mérovingienne, de la grande forêt de Gouffern qui s'étendait, par conséquent, au delà de l'Orne, jusque sur les côteaux situés au-dessus de ses rives, à gauche. Voici d'ailleurs ses propres paroles :

« Après avoir parcouru une grande partie de la France et de la Neustrie, il arriva finablement en une forest, proche d'Argentan, en laquelle trouvant un petit costeau doucement avallé et recouvert de grands arbres, ce fut là où il édifia une petite cellule pour son habitation et dedans, un oratoire pour ses prières ».

Ce témoignage est précieux, mais on a lieu de regretter que le P. Marin Prouverre se soit montré si sobre de détails locaux et précis que nous serions heureux de posséder. Il ne nous dit pas, par exemple, sous quel vocable était placé l'oratoire construit par l'ermite ; mais nous sommes fondés à croire que ce fut sous celui de Saint-Martin.

Le Bréviaire de Sées, imprimé par ordre de Mgr Lallemant, en 1737, nous apprend simplement que cet ermitage était dans un lieu couvert de bois.

Toussaint Bailleul, commis à la recette des tailles de l'élection d'Argentan, en 1782, dans sa *Description locale, ecclésiastique, féodale et historique des cent soixante-neuf paroisses qui composaient l'ancienne vicomté d'Argentan*, est plus explicite et affirme que le lieu dans lequel se retira l'ermite et où il mourut, se nommait les Brousses, nom qui, comme on sait, signifie bois. Il ajoute, plus loin, qu'il ne reste plus de la forêt primitive qu'un petit bois appelé la Londe, désigné par la tradition comme lui ayant également servi de retraite. Le bois de la Londe est bien connu ; il est figuré dans les plans de la paroisse de Saint-Loyer-des-Champs pour le Domaine d'Argentan, dressés au XVIIIe siècle et conservé aux Archives départementales d'Argentan.

Sa contenance était alors de 22 acres et 1 vergée et demie plus 3 perches, y compris la moitié du fossé, du côté de M. Alexandre-François Hellouin, sieur de Crillée, avocat. Il appartenait alors à M. du Moulin de la Fontenelle et était situé près de la chapelle de Saint-Nicolas et du chemin de Tercé à Saint-Lohier-des-Champs.

Les vestiges de cette antique forêt se remarquent d'ailleurs facilement de tous côtés aux environs. A Boissei, nous trouvons encore le village de la Londe ; à Marcei, la Haye, le Bois-Maheut et le Bois de Corday ; à Saint-Lohier, le réage du Friche ; à Boissei, la Friche-du-Val, etc.

Ces jalons posés nous essayerons dans un second chapitre de déterminer l'identité du personnage dont la mémoire est restée vivante à Saint-Lohier-des-Champs et de dégager cette figure vénérable de la poussière des siècles.

Nous demandons grâce par avance au lecteur, du circuit un peu long que nous allons entreprendre pour y arriver.

L'ermite dont le souvenir nous a été conservé par le monument que nous venons d'examiner et par le culte dont ses restes sont encore l'objet, se nommait *Hloter* ou Lother, en latin *Lotharius*, d'ou l'on a fait, Lothier, Lohier et finalement Loyer. Ce nom, évidemment d'origine germanique, est un composé de deux racines, qui signifient « célèbre ou bruyant *(sonorus)* chevalier ». C'est de là que dérive le nom de l'ancien royaume d'Austrasie, devenu à l'époque carolingienne, le royaume de Lother, *regnum Lotharii, Lotharingia,* c'est-à-dire la Lorraine.

Mais avant de nous engager dans des recherches assez longues sur les origines de l'ermite Lother et dans la discussion des textes dans lesquels figure son nom, nous allons donner la parole à l'un de nos compatriotes, expert dans l'art de bien dire qui, dans un récit bref et animé, a su mettre en relief le côté dramatique de sa légende acceptée par les hagiographes. Ce sera d'ailleurs, pour nous, l'occasion de faire connaissance avec un écrivain élégant, un esprit distingué, trop oublié de la génération actuelle.

Nous voulons parler de M. Alfred de Guyon qui a laissé quelques souvenirs comme maire d'Argentan et même comme homme politique, puisqu'il fut candidat à l'Assemblée législative, en 1849, mais qui comme littérateur, bien qu'ayant pris rang dans la phalange romantique, n'a pas la place qu'il mérite dans les recueils biographiques. C'est ainsi que *l'Annuaire normand* de 1857 qui, par une coïncidence dont nous profitons, contient la description du tombeau de Saint-Lohier, lui a consacré une notice dans laquelle on affirme ceci : « Une modestie regrettable l'empêcha de publier ses œuvres et de se faire, dans le monde littéraire, un nom dont sa ville natale se fût enorgueillie. »

Or non seulement ses œuvres ont été publiées, mais nous en connaissons deux éditions. M. Alfred de Guyon, en effet, fît paraître sous son nom, en 1827, chez le libraire Brière, rue Saint-André-des-Arts, n° 68, un volume intitulé *Poésies diverses* (70 p. in-8). L'année suivante le reste de l'édition fut joint à un nouveau volume intitulé *Poésies nouvelles*, par ALFRED DE GUYON ; suivies des premiers essais poétiques du même auteur. Paris Brière, 1828, in-8 (76-70 pages).

Nous savons, d'ailleurs, par le témoignage de l'auteur de la notice publiée dans *l'Annuaire Normand*, que ces essais reçurent le meilleur accueil de quelques écrivains qui passaient alors pour les dispensateurs de la renommée littéraire, Béranger. Ancelot, Saintine, avec lesquels il était lié, et qui d'après ces débuts, lui prédirent un brillant avenir.

Les *Poésies nouvelles* justifiaient cet optimisme. Nous nous contenterons de

faire observer que les légendes nationales et les sujets dramatiques y tiennent
une place digne d'attention.

Nous y remarquons d'abord les frag-
ments d'une tragédie intitulée *Brennus*,
dans laquelle l'auteur se proposait de mettre en scène un des chefs Gaulois qui, deux
fois, portèrent la terreur jusqu'au cœur de
Rome.

Sampietro, ce capitaine corse qui, avec
l'aide de la France, parvint à arracher
l'île de ce nom à la République de Gênes
et qui mourut de la façon la plus tragique
après avoir poignardé Vanina d'Ornano, sa
femme, coupable d'être entrée en négocia-
tion avec la République pour lui sauver
la vie, est encore un sujet plein d'intérêt
dont M. Alfred de Guyon a su tirer parti.

Comment ne pas reconnaître l'influence
du romantisme dans des pièces comme
celles-ci: Edmand, ou le camp d'Abdérame;
le Départ, chant scandinave ; l'Insensée,
ballade écossaise ; le vieux Barde et le
Ménestrel ; le Chant du Tasse pendant sa
captivité ; Camoens s'exilant à Goa ?

M. Alfred de Guyon peut être compté
également au nombre de ceux de nos con-
citoyens, comme Pouqueville, qui, par
leurs écrits ont réussi à intéresser l'Eu-
rope à la cause de l'indépendance hellé-
nique. Nous sommes heureux de trouver
dans les *Poésies nouvelles* : la jeune
Grecque et Lord Byron ; Lord Byron
mourant ; le chant de Riga ; la Ruine de
Psara ; le Vieillard d'Athènes.

On remarque même, dans ce recueil,

des inspirations toutes personnelles et d'une note plus tendre. Telles sont : l'Amant malheureux ; les Epitres à mon ami A. V. T. et à M. L. de L., et enfin l'idylle charmante intitulée « Guéprey, à Madame la comtesse de G. » dont on voudra bien nous permettre de citer quelques vers : (1)

> Salut, séjour délicieux,
> Guéprey, c'est dans tes murs que l'indulgence habite,
> Là mon cœur délivré de tout soin qui l'agite
> Ne connaît le regret qu'au moment des adieux.
>
> . . . .
>
> Que j'aime à m'égarer sous tes riants ombrages
> Guéprey, ton air est pur, l'homme y respire en paix ;
> Son cœur est satisfait : car de sombres orages
> Sous ton ciel enchanté ne s'arrêtent jamais !

Le mariage de M. Alfred de Guyon avec Sophie-Louise de la Mondière l'ayant fixé sur les bords de l'Orne, il eut l'occasion de visiter souvent les sites agréables qui s'y rencontrent, notamment celui qu'a illustré le séjour de l'ermite Lother. C'est ainsi qu'il fut amené, en 1856, à donner à l'*Annuaire de l'Orne*, dont la rédaction était alors confiée à M. Gravelle-Desulis, mon excellent prédécesseur, une *Notice historique et archéologique sur l'arrondissement d'Argentan* qui contient la jolie page que l'on va lire (2) :

(1) La dame à laquelle cette épitre fut adressée était la vicomtesse de Guéroult, femme de Louis-Alexandre de Guéroult, chevalier de Saint Louis, mort à Guéprey, le 24 novembre 1837. Les Guéroult appartenaient à une famille percheronne, représentée en 1666, à la Forêt-Auvray par Jacques de Guéroult, sieur de Grouville. Alexandre de Guéroult, sieur de Grouville épousa, vers 1675 la baronne de Rouvrou.

(2) M. Alfred de Guyon, maire d'Argentan

La commune de Saint-Lohier s'appelait autrefois *Saint-Martin-des-Brousses*. Elle a tiré son nouveau nom de l'homme extraordinaire qui, après avoir vécu au sein des agitations et des grandeurs de la terre, abandonna sa famille et son pays pour venir s'ensevelir dans une solitude sauvage et s'imposer les plus dures austérites de la vie cénobitique. Ces conversions n'étaient pas rares dans les premiers temps du christianisme.

La sublimité de la morale nouvelle réveillait alors tous les bons instincts de la nature humaine et séduisait les imaginations ardentes, degoûtées du sensualisme grossier des croyances payennes ; mais dans le huitième siècle, à l'époque où les chefs de l'église adoptent les abus féodaux, lèvent des armées et se montrent avides de puissance et de richesses temporelles, l'abnégation de Lohier doit fixer la réflexion. Sa vie racontée en peu de mots nous semble devoir offrir de l'intérêt.

Lohier (ou Loyer), duc de Mosellaire, des Ardennes et d'autres contrées de la Lorraine inférieure, fit bravement la guerre sous les ordres de Pépin-le-Bref, qui l'envoya avec un corps d'armée au devant du pape Etienne II ; le souverain pontife se rendait alors en France pour sacrer de ses propres mains l'ancien maire du Palais, usurpateur de la couronne sur la race des Mérovingiens. Etienne II achetait par cette complaisance, le secours d'un allié puissant contre les Lombards qui voulaient le chasser de Rome ; les armées victorieuses de Pépin terminèrent promptement la querelle et Lohier fut laissé en Italie pour surveiller la conduite d'Astolphe. Pendant son séjour à la cour de ce roi, il s'éprit des charmes de sa fille Tarente et l'épousa sans avoir obtenu l'agrément de Pépin. Celui-ci, rendu furieux par cette

---

à cette époque, est décédé à Neuville près Sées, le 12 décembre 1856 et a été inhumé à Argentan. Il était né le 14 novembre 1800.

nouvelle inatendue, qui lui semblait une trahison, l'exila et le dépouilla de ses domaines.

Cette disgrâce attacha Lohier à la cour des Lombards. Devenu veuf, il resta néanmoins fidèle à son beau-père, malgré les démarches secrètes de Pépin qui cherchait à l'en séparer, et plus tard son courage et ses conseils aidèrent puissamment Didier, successeur d'Astolphe, dans les guerres qu'il eut à soutenir contre les papes Paul Ier Étienne III et Adrien Ier. Charlemagne, en intervenant en faveur de ce dernier pontife, détruisit le royaume des Lombards et l'ajouta à ses vastes États ; mais le grand homme qui estimait le caractère et les talents de Lohier, lui rendit le duché de Mosellaire et toutes ses autres seigneuries en lui faisant épouser Alix, petite-fille de ce même Pépin qui l'avait autrefois banni et persécuté.

La mort prématurée d'Alix le rendit veuf une seconde fois. « Alors, dit son naïf historien, Manoury, il se prit à réfléchir à tous ces mauvais coups de la fortune, se rappela l'exemple de son père Lambert et résolut d'aller comme lui, dans un désert, loin des hommes et en la présence de Dieu. » En conséquence, Lohier partagea ses biens entre ses enfants du premier lit, fit de grandes aumônes aux pauvres dont il allait devenir le véritable frère, se fit recevoir moine dans l'abbaye de Tholey, qu'il avait fondée, et partit un jour en s'appuyant sur un baton de pélerin pour aller à la recherche du lieu ou il finirait sa vie. Il marcha longtemps en traversant des pays qui lui étaient inconnus, enfin il s'arrêta à Saint-Martin-des-Brousses, pour y bâtir son ermitage. De longues années passées dans la contemplation et les austérités de la pénitence, lui donnèrent une réputation de sainteté que l'église et le pape confirmèrent après sa mort. Les religieux de Tholey réclamèrent son corps et le transportèrent dans leur monastère.

III

La légende adaptée par M. Alfred de Guyon ne diffère pas moins de celle du *Bréviaire de Séez*, par le fonds que par la forme. M. Alfred de Guyon paraît croire qu'après s'être établi à l'ermitage des Brousses, son héros n'en est pas sorti et qu'il n'a plus été question de lui dans le monde. Le *Bréviaire de 1737*, au contraire, nous fait connaître que l'ermite Lother fut élevé à l'épiscopat et qu'il administra le diocèse de Sées pendant trente-deux ans ; il donne même les noms des personnages éminents de son temps avec lesquels comme évêque, il eut des rapports. D'autre part, dans le *Bréviaire*, aucun détail sur la première partie de la vie de Lother, aucune mention de Pépin d'Héristal, d'Astolphe ni de sa fille. On se contente d'affirmer qu'il était de la famille des rois d'Austrasie. Ces deux légendes se complètent donc l'une par l'autre, et ce sont comme deux pages détachées d'un même livre qu'il s'agit de rapprocher pour en avoir le texte intégral. Nous aurons à rechercher les mobiles qui ont pu déterminer les auteurs de ces deux versions à tronquer ainsi systématiquement, chacun de leur côté, la biographie de l'ermite Lother, mais il semble, à première vue que, de part et d'autre, on ait obéi à des préoccupations d'un ordre absolument opposé.

Il faut d'abord noter que Marin Prouverre, le premier en date des historiens
d'Argentan, paraît avoir éprouvé les mêmes scrupules que M. Alfred de Guyon
au sujet de l'identité de l'ermite des
Brousses, Lother, et l'évêque de Sées du
même nom.

« Quelques personnes, dit-il, pensent que
ce Lother est le mesme que saint Lohier,
hermite qui mourut en un lieu, proche
d'Argentan, où l'on voit encore son tombeau. »

D'autre part, les savants auteurs du
Gallia Christiana (t. XI) semblent être du
même avis, puisque, d'après la notice
qu'ils ont consacrée à l'évêque de Sées
Lother, ils ne semblent pas avoir eu connaissance qu'il se soit retiré aux Brousses, et qu'il y ait bâti un oratoire sous le
nom de Saint-Martin.

Le *Bréviaire de Sées* de 1737 tranche
la question et place au nombre des saints
du diocèse l'ermite Lother qui, dit-il,
après avoir vécu quelque temps dans la
solitude des Brousses, fut porté par son
mérite sur le siège épiscopal de Sées qu'il
occupa pendant trente-deux ans. Parmi
les faits importants survenus durant cette
longue période et auxquels cet évêque eut
part, on cite l'inhumation de saint Evre-
mond, abbé de Fontenai (*Fontanensem
abbatem*) que l'on a supposé être Fontenai-
les-Lounet, dans la forêt d'Ecouves. On
place cet événement en l'année 720, sous le
règne de Chilpéric III. C'est sans doute de

Chilpéric II qu'il s'agit, car on ne connaît
pas de roi de ce nom, mais on sait que
Chilpéric II mourut précisément en 720.
L'évêque Lother présida aux obsèques de
saint Évremond, son diocésain, et institua
à sa place un autre abbé du nom de Sé-
dulfe. Les auteurs du *Gallia Christiania*,
qui rapportent ces mêmes faits citent comme source de cette information le *Bréviaire de Saint-Quentin* et le *Manuscrit de l'abbaye de Saint-Victor*.

Le *Bréviaire de Sées* ajoute que l'é-
vêque Lother se voyant accablé de vieillesse et de fatigues résolut, sur la fin de
sa vie, de retourner à son ermitage des
Brousses, qu'il n'avait pas cessé de regretter, et qu'ayant demandé au peuple de
Sées qui l'avait élu évêque de le déchar-
ger d'un lourd fardeau que ses épaules ne
pouvaient plus porter, il avait abdiqué ses
fonctions pour revenir finir ses jours dans
les lieux où, plus jeune, il avait trouvé la
paix et le repos.

Il y vécut encore quatre ans et mourut
le 17 des calendes de juillet (15 juin), en
l'année 756. Son corps fut inhumé pieuse-
ment dans l'oratoire qu'il avait construit
près de sa cellule et qui, plus tard, fut
érigé en église paroissiale, sous son
nom.

Au siècle suivant, d'après le même récit, au temps des invasions des Normands,
pour soustraire ses précieux restes et la
châsse qui les renfermait à la rapacité de
ces pirates, on les enleva de l'oratoire de
Saint-Martin-des-Brousses et, sur les ins-

tances des membres de sa famille, on les ramena en Lorraine, dans l'abbaye de Tholay, où il avait fait profession et reçu l'habit monastique. On ajoute qu'en mémoire de cette translation, un anneau en pierre fut placé sur son tombeau qui se voyait encore dans l'église de Saint-Lohier-des-Champs où il était souvent visité par la foule des pieux fidèles.

L'abbé de Courteilles, prêtre de la paroisse de Saint-Germain d'Argentan, né dans cette ville le 27 octobre 1631, auteur de plusieurs ouvrages historiques, notamment d'une *Version de l'éloge des saints du diocèse de Séez* et d'une *Description sincère et fidèle de la ville d'Argentan, curieusement recherchée*, manuscrit appartenant à la famille Magny, est le seul auteur, croyons-nous, qui ait contesté la partie de la légende relative au retour de Lother à son ermitage des Brousses, après son abdication de la dignité épiscopale.

Ce point, dit M. l'abbé Blin (1) « est cependant confirmé par la tradition de notre diocèse et par la présence du tombeau du saint évêque à St-Loyer ; car s'il fût mort évêque de Sées, il est bien probable qu'il aurait été comme les autres évêques inhumé dans sa cathédrale. » Cette observation nous paraît on ne peut plus judicieuse.

M. Blin nous revèle enfin un détail très curieux qui fournit un nouvel argument en faveur de son opinion, c'est qu'il existe un

----

(1) Vie des Saints du diocèse de Séez, t. II p. 43.

très vieux tableau, débris de l'ancienne collection de portraits des évêques de Séez, conservée en partie jusque vers 1830, portant au bas une inscription où on lit : « Saint Lohier abdiqua en 752 et mourut le 15 juin 756. »

M. l'abbé Hommey, dans son *Histoire générale, ecclésiastique et civile du diocèse de Sées*, en cinq volumes in-8°, publiée récemment (Alençon E. Renaut de Broise, 1893-1902), a trouvé moyen de nous donner une vie de saint Lohier ou Lother, beaucoup plus étendue que toutes celles que nous connaissions jusqu'ici. Il s'est efforcé, d'ailleurs, de faire disparaître certaines contradictions relatives à l'existence agitée que cet homme extraordinaire avait menée dans le monde, avant de se réfugier dans le cloître et de prendre l'habit d'ermite. Ainsi à propos de Pépin, mentionné dans diverses versions, M. l'abbé Hommey admet qu'on a pu vouloir désigner soit Pépin d'Héristal, soit Pépin-le-Bref. De même pour la part prise par Lother à la guerre contre le chef des Francs, il admet encore que c'est, soit sous le drapeau de Willaire, soit sous celui d'Astolphe, soit sous celui de Didier, roi des Lombards, qu'il combattit.

Mais si, sur l'identité de ces personnages historiques qui peut cependant servir à fixer la chronologie et à appuyer l'authenticité du récit, M. l'abbé Hommey s'est montré imprécis, en ce qui concerne la descendance de Lother, il paraît renseigné mieux qu'aucun de ceux qui l'ont précédé. Il nous apprend qu'à la suite de la mort de sa seconde femme, ayant résolu de renoncer au monde, il partagea ses Etats entre ses six enfants de la façon suivante :

Il fit l'aîné, nommé Paulion, marquis du Saint-Empire sur l'Escaut et seigneur des Ardennes ;

Abbon, le cadet, fut comte de Hainaut ;

Ferri fut duc de Mosellane et de Bouillon ;

Conon, le quatrième des frères, embrassa l'état ecclésiastique et devint chanoine de Trèves ;

Hugues et Etienne, les deux jeunes, devinrent chanoines de Cologne.

M. l'abbé Hommey ne produit d'ailleurs aucune justification de ces attributions de lots, suivant le système qu'il a adopté pour tout son ouvrage ; mais en critique consciencieux il a soin de faire remarquer que l'hérédité des fiefs n'ayant été accordée par Charles-le-Chauve aux *leudes* ou possesseurs de bénéfices ou offices qu'en 877, par le fameux capitulaire de Quierzy-sur-Oise, il en résulte que les titres de marquis, de duc, de seigneur, employés dans ce partage, constituent un anachronisme qu'il est difficile d'expliquer.

Les difficultés que soulèvent ces attributions n'en sont pas moins irréductibles. Elles se trouvent en désaccord complet avec les généalogies (considérées d'ailleurs comme apocryphes) acceptées par la maison de Lorraine et enregistrées par ses historiographes officiels. Suivant ceux-ci, en effet, le fils aîné de Lother ne fut pas Paulion, prétendu marquis du Saint-Empire et seigneur des Ardennes, mais Frédérick, surnommé le Chaste, duc de Lothereick.

Son second fils ne fut pas Abbon, comte de Hainaut, mais Falco, duc de Houllane, etc.

Ceci nous amène à la discussion des titres sur lesquels on s'est appuyé pour rattacher l'ermite Lother, évêque de Sées, à la généalogie plus que douteuse des princes d'Austrasie et de Lorraine.

IV

Une tradition transmise par Marin Prouverre et suivie par tous les chroniqueurs Argentanais et Sagiens identifie l'ermite Lother à un prince de l'Austrasie dont le nom figure dans les plus anciennes généalogies de la maison de Lorraine.

Pour nous, nous admettons volontiers que la connaissance du passé, au moins dans ses grandes lignes, ne nous est pas seulement transmise par les documents écrits, mais aussi par les traditions vivantes, familiales, locales, nationales et par les monuments qui les conservent. Celles-ci ne se discutent pas, elles s'imposent ; elles résistent à l'action destructive du temps et des révolutions, aux démonstrations les plus fortes, aux preuves les plus évidentes et comme Protée, elles se défendent en se transformant. Les recherches dans lesquelles nous sommes engagés vont nous fournir un exemple remarquable de l'étonnante vitalité de ces traditions nationales et du culte dont le peuple les a entourées.

Les Grecs et les Romains, nos maîtres, ont eu leurs légendes ethniques dont la lecture a, tour à tour, exercé nos jeunes intelligences et éveillé en nous le sentiment du beau et du grand.

Or, il aurait été étrange que nous, Français, nous eussions été, sous ce rapport, plus déshérités qu'eux. On sait aujourd'hui qu'il n'en est rien et que Rolland et Charlemagne sont des personnages épiques, au même titre qu'Achille et Priam. Leurs noms et leurs hauts faits, popularisés par les chansons de gestes, vivent encore aujourd'hui dans nos souvenirs. Témoins ces deux paysans que j'ai un jour coudoyés au Louvre, dans le Musée des souverains, en contemplation devant la grande et large épée du vieil empereur, dite *Joyeuse*, et dont l'un disait à l'autre : « Tiens, tu vois, cela, c'est du temps des Quatre fils Aymon.» Ce qui prouvait que, pour ces braves gens, la pure légende était un point de repère plus familier et plus commode que l'histoire officielle et classique.

Une idée politique a, d'ailleurs, le plus souvent présidé à leur création. C'est ainsi que pour l'Armorique le roi Arthur, Conan, Mériadec, ont été les personnifications légendaires de l'antique indépendance et du rôle prépondérant de la race celtique.

Un phénomène analogue s'est produit sous une forme différente, pour l'Austrasie, et les Lorrains pour alimenter leur foi dans l'avenir de leur race, qui pendant des siècles a servi de rempart à la France contre les invasions germaniques, ont éprouvé le besoin de contempler dans le passé et par delà l'époque mérovingienne la longue série des héros inconnus, frères et précurseurs des rois Francs dont l'histoire a dédaigné de conserver les noms, dans le but de créer à leurs princes des titres à la succession des Carlovingiens dégénérés et plus tard, à celle des Capétiens.

Les prétentions de Charles de Lorraine à la couronne de France, au moment où Hugues Capet s'en saisit, sont connues. Mais elles devaient se renouveler à d'autres époques, et ce qu'on ne sait pas assez, c'est qu'elles ont eu pour complices les traditions populaires que leurs historiographes ont traduites sous forme de généalogies fantastiques. Les princes Lorrains se sont ainsi battus à coups de chroniques avant de monter sur les barricades. Or, le vénérable Arnoul, évêque de Metz, tige des Carolingiens, y tient naturellement une place capitale, et par une coïncidence curieuse, sa biographie présente plus d'un rapport avec celle d'un Lother dans lequel on a cru reconnaître notre ermite des *Brousses*. La question offre donc pour nous un intérêt direct.

Le premier qui, à notre connaissance, ait affirmé implicitement les droits éventuels de la maison de Lorraine à la couronne de France, en qualité de descendants légitimes non seulement des Carolingiens, mais même des Mérovingiens, c'est Symphorien Champier, médecin d'Antoine, duc de Lorraine et de Renée de Bourbon, sa femme.

Son *Recueil ou Chronique des histoires du royaume d'Austrasie*, 1505, in-folio gothique, est l'arsenal principal dans lequel ont puisé les ducs de Lorraine pour soutenir leurs prétentions à la couronne de France. A les entendre, en effet, si Louis XII n'avait pas eu pour gendre et successeur François, duc d'Angoulême, la couronne revenait de droit à Antoine, duc de Lorraine.

Jean Le Maire de Belges, d'abord attaché au duc de Bourbon, puis à Marguerite d'Autriche, soutient la même thèse dans ses *Illustrations de Gaule Belgique* (1512), mais avec moins d'éclat.

En 1547, on vit entrer en lice un champion de la maison de Lorraine, mieux qualifié encore que Champier pour soutenir ses droits, Edmond du Boulay, héraut d'armes de Lorraine, sous les ducs Antoine, François et Charles III, qui fit paraître à Metz, en 1547, ses *Généalogies des ducs de Lorraine*. Il fit preuve de son zèle pour la gloire de ses maîtres en affirmant, contre toute vraisemblance, qu'ils descendaient non pas seulement des premiers chefs Francs, mais même des Troyens. L'auteur sur lequel il s'appuie est un historiographe des plus méprisables, Hunibalde qui vivait au temps de Clovis et dont la chronique, en dix-huit livres, n'a aucune valeur, suivant les Bénédictins (1).

Ce factum n'en eut pas moins du succès en Lorraine ; il eut les honneurs d'une réimpression en 1545, et l'on sait que le P. Jean d'Auch, de l'Observance de Saint-François, a adopté cette thèse dans son *Epitome des gestes des soixante-trois ducs de Lorraine, depuis Lother jusqu'à Charles III.*

Un autre familier de la maison de Lor-

----

(1) *Histoire littéraire de la France*, t. III, p. 271-273.

raine à laquelle il était attaché par les liens de la reconnaissance, fît preuve de plus de discrétion dans la défense de ses intérêts, mais n'en contribua que mieux par là à donner du crédit aux fausses généalogies et aux histoires fabuleuses auxquelles nous faisons allusion. C'est Richard Wassebourg, archidiacre de Verdun, dont le père avait été annobli par le duc René II, en 1496. Ses *Antiquités de la Gaule Belgique, depuis Jules César*, imprimés à Verdun en 1549, in-folio, renferment au milieu de nombreux anachronismes et de pièces apocryphes des documents historiques qu'il a eu le mérite de recueillir et dont les originaux ont disparu.

Au temps de la Ligue, à l'époque où Henri Ier, duc de Guise, élevait plus haut encore que le premier Balafré, François II, assassiné par Poltrot en 1563, des prétentions à la couronne, un conseiller de Charles II de Guise, François de Rosières, archidiacre de Toul, mit à son tour sa plume au service de ces princes. Dans son *Stemmata Lotharingiœ et Barri ducum*, publié en 1580, il soutient hautement que ces princes sont à la fois fils de Pharamond et de Charlemagne, et comme tels, héritiers légitimes de la couronne, à meilleur titre que les descendants de Hugues Capet dont la filiation carolingienne, par le moyen de saint Arnoul, est plus ou moins incertaine ou même absolument contestable.

Cette publication hardie, insolente, grossie de titres falsifiés, d'assertions

erronnées, d'injures même contre la majes-
té de nos rois et contre l'honneur national,
valut à son auteur une condamnation par
arrêt du Parlement de Paris.

François de Rosières fut heureux d'en
être quitte pour une amende honorable
qu'il dut faire au roi en personne, le
28 avril 1583, dans la chambre de son
Conseil, dont le procès-verbal se trouve
tout au long au tome III de la *Satyre Mé-
nippée*, p. 406 de l'édition 1707. On ajoute
que pour le même fait il fut enfermé à la
Bastille. Je dois faire remarquer toutefois
que son nom ne figure pas dans la *Table
générale des Archives de la Bastille*.

Ce châtiment et la triste fin qui fut le
terme de l'ambition dont était dévoré le
second Balafré, reprima pour quelque
temps l'ardeur des historiographes Lorrains. Mais en 1663, frère Jacques Saleur,
religieux de l'Observance régulière de
Saint-François, père de la province de
Lorraine et jubilé de religion en la custo-
die de ce nom, tenta de revenir une der-
nière fois à la charge. Son livre est intitulé
*La clef ducale de la sérénissime, très
auguste et souveraine maison de Lorraine. A Nancy, Anthoine, Claude et Charles Charlot, imprimeurs, MDCLXIII, in-
folio.*

Pour juger du degré de confiance dû à
cet ouvrage, il est nécessaire d'en citer
quelques traits.

D'après son système, le chef de la dy-
nastie des princes Lorrains serait Lother,
fils d'Inachus et de Germaine, dite Swate,

sœur de Jules César. Or, ajoute le P. Saleur, César lui-même provenait d'Enée et conséquemment des Troyens. Donc, conclut-il, les princes Lorrains tirent originairement leur sang de la première noblesse du monde.

Il est à noter, à titre de curiosité, que parmi les auteurs qu'il allègue, se trouve saint Luthuin, évêque de Trèves, auteur d'une généalogie des mêmes princes.

Il est à peine besoin de dire que ce nouveau plaidoyer *pro domo*, souleva de nombreuses critiques. Ce qui est digne d'être noté, c'est que l'illustre Leibnitz ne dédaigna pas de descendre dans l'arène pour combattre ces prétentions insensées, en quoi il ne réussit pas complètement, puisqu'en 1702, Nicolas Clément, originaire de Toul, garde de la bibliothèque du roi, s'avisa encore de publier une *Défense de l'antiquité de la ville et du siège épiscopal de Toul*, dans laquelle on retrouve les arguments cent fois réfutés, produits en faveur de l'antiquité fabuleuse des princes Lorrains.

Il ne fallut rien moins que l'avènement d'un petit-fils de Marguerite de Lorraine, duchesse d'Alençon, à la couronne impériale d'Allemagne en 1745, pour mettre fin à cette campagne interminable. L'ambition séculaire des princes Lorrains eut ainsi son couronnement, et c'est l'occasion de rappeler que par ce moyen la maison actuelle d'Autriche est bien d'origine française.

S'ils n'avaient pas gagné la bataille, les

chroniqueurs, du moins, avaient bravement sonné du cor et leurs écrits devaient
survivre aux causes très sérieuses qui les
avaient provoqués.

On n'entendit plus parler dans les généé-
alogies officielles ni du premier ni du second des Lother, mais la personnalité de
l'ermite-évêque de ce nom resta, pour les
Argentanais et les Sagiens, un problème
dont la solution n'a pas encore été donnée.

Comment en effet, nos chroniqueurs s'y
sont-ils pris pour rattacher l'ermite-évêque
Lother à ces généalogies plus que suspec-
tes ? C'est ce qu'il est intéressant d'étudier.

Marin Prouverre, dont nous avons déjà
invoqué le témoignage, admet, sans hé-
sitation, qu'il était fils du comte Lambert,
duc de Mosellane, mais sans donner aucun détail sur sa vie avant son établisse-
ment à l'ermitage des Brousses.

Mannoury de Perteville, avocat du roi à
Argentan, dans son *Abrégé des choses
mémorables de la ville et vicomté d'Argentan* (Alençon, E. de Broise, 1865, in-
8°), composé vers la fin du xvii° siècle,
est beaucoup plus explicite. Il a même
consacré à Saint-Lohier-des-Champs un
article très développé, auquel nous allons
emprunter le passage suivant :

« Cette seigneurie est ainsi appelée du
nom de Saint-Lohier, lequel, après avoir
vescu grand seigneur dans le monde, vint
faire pénitence, menant une vie très austère dans ce lieu qui, à cause de lui, porte
le nom de Saint-Lohier. Ce saint Lohier

fut fils de Lambert, le dit Lambert fils de Martin, comte de Mosellane, marquis du Saint-Empire, seigneur des Ardennes, lequel Lambert régna soixante-trois ans et mourut l'an 755.

« Du dit Lambert et de Marie, fille du comte de Boulogne, sortit saint Lohier, qui succède à son père au duché de Mosellane, d'Ardennes et autres seigneuries du pays de Lorraine inférieure, par démission que Lambert, son père, luy en fist dès l'an 735 que le dit Lambert entra dans la solitude où il fist une austère pénitence...

« Lohier lui ayant succédé, il épousa Tarente, fille d'Astolphe, roy des Lombards, de laquelle il eut Ferry, premier duc commis au royaume de Lorraine, et plusieurs autres enfants, à sçavoir : Curio, chanoine de Trèves, Hugues et Estienne, chanoines de Cologne, Falco, duc de Mosellane, et Albon qui fut comte de Haisnault. Il était très vaillant et fort redouté. Il suivit le roy Pépin en guerre et fut envoyé au devant du pape Estienne II, qui était venu en France avec une grosse armée.

« Depuis, étant mal voulu du roy Pépin, parce qu'il ne lui vouloit pas complaire, il fut chassé de France et de ses pays et se retira auprès de son beau-père, en Lombardie, où il demeura jusques au tems de Charlemagne qui le rappela et le reçut fort honorablement dans la cité de Metz et lui restitua son duché de Mosellane. En secondes nopces il épousa Alix, fille du roy Pépin. Sur sa vieillesse et après avoir tenu le parti de Didier, roy des Lombards, qui avoit fait guerre contre le pape de Rome, les terres de l'Eglise aiant été remises en liberté et restituées par Charlemagne ; et enfin, après avoir partagé ses enfants de ses terres et seigneuries, il prist l'habit de religion, et après avoir fait de grandes austéritez, il mourut en l'an 786. Son corps fut inhumé au monastère de Tholey, après avoir été transféré de la paroisse de Saint-Lohier, où il mourut après y avoir longtems demeuré.

« Ce que dessus mérite bien d'être sçu, qui a été tiré par le sieur Drugeon, de deux tables du monastère de Tholey et de l'hopital de Luze, de deux chartres, l'une de Charlemagne, et du monastère de Saint-Hilaire de Trèves et l'autre de *Louis pro monasterio Sancti Martini Treveris.* »

Quel était ce sieur Drugeon dont le nom doit évidemment être ajouté à ceux des nombreux historiographes d'Argentan ? C'est ce que nous serions heureux de pouvoir indiquer. On serait curieux également de savoir quelles circonstances l'avaient mis à même de compulser les chartes mérovingiennes des monastères de Saint-Hilaire et de Saint-Martin de Trèves et de Tholey, en Allemagne (1).

En tous cas, les sources citées par Mannoury de Perteville pour justifier cette généalogie des comtes, ducs de Mosellane,

____

(1) Tholey, abbaye d'Allemagne, dans l'archevêché de Trèves, en latin *Tabularium,* sous le baillage de Sarrelouis, fondée par Dagobert.

marquis du Saint-Empire, seigneurs des Ardennes, sont les mêmes que celles où a puisé frère Saleur, pour sa *Clef ducale de la maison de Lorraine*, et il nous est nécessaire de comparer ces deux généalogies l'une à l'autre. Mannoury de Perteville s'est borné seulement à écarter certains détails qui lui ont paru trop violents, afin de rendre son récit plus acceptable. C'est ce dont on peut juger par la notice que frère Saleur a consacrée à saint Lohier et que nous citons textuellement :

« Lohier dégénéra d'abord de la vertu et du sang de ses ancêtres, devenant si cruel à ses subjets, si impie aux églises et si inhumain à tout le monde qu'on ne l'appeloit que le feu du genre humain et torche ardente ; c'est la cause qui obligea Pépin, roy de France, de le chasser de son pays et le priver de toutes ses seigneuries. Charlemagne ayant succédé à Pépin luy fit grâce et luy rendit son duché et ses terres, après le serment solennel qu'il fit, avec sa noblesse, de changer de vie ; protestation qu'il exécuta avec tant de fidélité, qu'il accompagna Charlemagne en Italie où il battit les Lombards. De là il passa en Espagne où il prit Pampelune, contraignit les Saxons d'embrasser la foy catholique et fit plusieurs beaux exploits. Lesquels voulant couronner, ayant congé de Charlemagne, en sa présence et aux yeux de toute sa noblesse, il se revestit de l'habit de religion, au couvent de Tholé, où après deux ans et trente et un de son règne, il rendit son âme à son Créateur, l'an 809. Il eut deux femmes : la première Ælis, fille de Pépin, roy de France, morte sans enfants, la seconde Tarence, fille d'Aistulphe, roy des Lombards, de laquelle il eut Fréderich, son héritier, Falco, duc de Mosellane, Albon, comte d'Hesbain, etc. »

Les contradictions que la *Clef ducale* présente avec le récit de Maunoury de Perteville et avec celui du P. Marin Prouverre sont formelles. Ces deux derniers, en effet, s'accordent à dire que l'ermite Lohier termina ses jours en 786 et fut inhumé dans son ermitage des Brousses. Saleur, au contraire, comme on vient de le voir, déclare que Lohier, duc de Mosellane, mourut en 805, au monastère de Tholey, deux ans après qu'il y était entré. Tous trois cependant s'accordent à dire que le même personnage était fils du duc Lambert.

La vérité, c'est que toutes ces généalogies des ducs de Mosellane, antérieures à Pépin et à Charlemagne, ne sont qu'un tissu de fables, imaginées, comme nous l'avons vu, dans le but de rattacher la maison de Lorraine aux Mérovingiens et de faire pièce à la maison de France. Aussi les savants auteurs du *Gallia Christiana* et celui du *Propre des Saints* dans le Bréviaire de Sées de 1737, ont-ils évité de se prononcer sur la généalogie de ce saint personnage. Le *Gallia* se contente de dire que les uns le regardent comme issu de

princes de la Mosellane, les autres comme
un prince de la Germanie. Le *Bréviaire
de Séez*, plus réservé encore, dit seulement qu'il naquit au comté de Mosellane,
d'une famille noble sous le règne de Childebert III, selon l'opinion commune. Or,
Childebert III a régné de 695 à 711. Ces
dates concordent, d'ailleurs, avec celles
que le P. Marin Prouverre et Mannoury de
Perteville ont adoptées. Le *Gallia Christiana* des frères Sainte-Marthe, le *Gallia
Christiana nova* des Bénédictins, au contraire, et la *Vie des Saints du diocèse de
Séez*, par M. J.-B. Blin, curé de Durcet,
aujourd'hui chanoine de la cathédrale de
Sées, placent la mort de saint Lohier en
756.

Il n'est pas douteux que les généalogies
apocryphes, introduites par Champier
dans ses *Chroniques du royaume d'Austrasie*, en 1505, durent trouver crédit dans
l'entourage immédiat de Marguerite de
Lorraine, duchesse d'Alençon, fondatrice du monastère de Sainte-Claire d'Argentan. Il faut remarquer, en effet, que
Champier accompagna, en qualité de médecin et d'historiographe, Antoine de Lorraine dans la campagne d'Italie, sous
Louis XII. Or Charles, duc d'Alençon, fils
et héritier de cette princesse, prit une part
importante à cette brillante expédition. Il
est donc certain qu'il eut occasion d'y ren-
contrer le médecin-chroniqueur, très en faveur auprès d'Antoine de Lorraine, son
parent. On peut en conclure que des
exemplaires des *Chroniques d'Austrasie*,

composées en l'honneur de la maison de Lorraine à laquelle Charles, duc d'Alençon, se rattachait par sa mère, durent arriver à Alençon et à Argentan, dans les premières années du XVI° siècle, et qu'il y trouvèrent des lecteurs disposés à les accueillir.

Nous avons de ce fait un témoignage positif, celui du P. Yves Magistry, auteur de la première vie de Marguerite de Lorraine, publiée en 1586, dans laquelle on lit au Chapitre Premier :

« On list coste bonne dame estre issue de la lignée du Benoist Saint Lohier (dont le corps repose en une chapelle, distante de la ville d'Argentan environ une lieue). »

Les Argentanais, en particulier, étaient fiers de leur bonne et sainte duchesse qui affectionnait le séjour de leur ville, de préférence même à la capitale de son duché. Ils durent s'empresser d'accueillir de confiance les légendes relatives à l'antiquité fabuleuse attribuée à la maison de Lorraine par Champier. Quant à la sainte princesse elle-même, il n'est pas douteux que bien loin de se complaire dans la vaine contemplation de son illustre extraction, selon la juste remarque de M. l'abbé Laurent, le souvenir de ces gloires mondaines lui était plutôt importun (1).

Tous nos chroniqueurs argentanais ont

(1) *Histoire de Marguerite de Lorraine, duchesse d'Alençon, bisaïeule de Henri IV, fondatrice et religieuse du monastère de Sainte-Claire d'Argentan.* Argentan, de Barbier, imprimeur, 1854, in-16.

ainsi été bercés dans la croyance a l'authenticité de la généalogie dans laquelle une place est assignée à un Lother, absolument différent d'ailleurs de l'ermite de Saint-Loyer-des-Champs, ce qui rend plus invraisemblable encore la légende qu'ils lui ont consacrée.

La plus ample est celle qui est contenue dans l'*Eloge des saints évesques du diocèse de Sées et de quelques autres particuliers dont on a eu les reliques ou qui y ont vescu. Vies mises en français l'année 1681, par un prêtre anonyme. Ad majorem gloriam Dei.*

Cet ouvrage a pour auteur Michel de Courteilles, né à Argentan le 27 octobre 1631, prêtre, attaché en qualité de sacristain à l'église de Saint-Germain, auteur d'une *Description sincère et fidèle de la ville d'Argentan,* 1693-1693, dont le manuscrit original recueilli par T.-P. S. Bailleul, appartient à son petit-fils M. Magny, ancien avoué ; 2° un manuscrit intitulé *Les Actes de la Confrérie des Prêtres dans l'église Saint-Germain,* conserve dans le chartrier de Saint-Germain d'Argentan ; 3° d'un manuscrit intitulé *Des Préceptes et Conseils évangéliques,* appartenant à M. Magny.

L' « Eloge de saint Lohier, 22ᵉ evesque de Sées », par l'abbé de Courteilles, comprend six chapitres et s'étend de la page 327 à la page 350 du manuscrit cité ci-dessus. Voici les titres de ces chapitres : — I. De la succession, de la patrie et de l'ordre de la vie de saint Lohier ; — II. Du nom, de l'instruction et de l'enfance de saint Lohier ; — III. Mariage de saint Lohier, sa rebellion et ensuite sa grâce devant Charlemagne ; — IV. Des enfants de saint Lohier et de leurs belles actions, de son couvent et de sa solitude ; — V. De l'épiscopat de saint Lohier ; — VI. De la mort de saint Lohier et de sa bonne renommée.

Malheureusement l'abbé de Courteilles n'a pas allégué d'autres autorités que l'oratorien Charles Le Cointe, auteur des *Annales ecclesiastici Francorum* (1665-1673, 8 volumes in-folio), qui place le pontificat de cet évêque au commencement du VIIe siècle ; Bry de la Clergerie (*Histoire des pays et comté du Perche et duché d'Alençon*, 1620) qui le met avant saint Godegrand, dans la liste des évêques de Sées, d'accord avec Claude Robert, les Sainte-Marthe et Mézeray, enfin Pierre Pilastre, grand chantre de la cathédrale de Sées (*De ecclesiâ diœcesis Sagiensis Commentarii* 1646-1652). Or nous savons que tous ces historiens se sont inspirés du *Stemmata Lotharingiœ et Barri ducum*, condamné par le Parlement de Paris, comme rempli de pièces fausses et apocryphes.

Le mérite de l'abbé de Courteilles est d'avoir raconté cette légende dans un style naïf et avec une ingénuité qui n'est pas sans charmes :

« Les uns, dit-il, donnent seulement à saint Lohier six enfants, mais François de

Ro-ières, déjà tant cité, en compte treize, dont huit fils et cinq filles. Devenu veuf, Lohier, aspirant à une perfection plus grande encore que l'état monastique, obtint de l'abbé de Tholley la permission d'embrasser la vie érémitique. C'est pourquoi s'étant muni de sa bénédiction, comme d'un casque invincible, et couvert d'un habit vil et abject, il visita plusieurs lieux de dévotion, et ce prince qui, auparavant, étoit très puissant et très renommé dans tout l'univers, devint pour lors, inconnu de tous les hommes, demandant même les choses qui luy étoient nécessaires pour sa subsistance.

» Ayant donc quitté l'Austrasie, il parcourut les déserts et lieux solitaires les plus affreux de la France et de la Neustrie. Enfin, étant arrivé dans une forest proche d'une lieue de la ville d'Argentan, au diocèse de Sées, il y découvrit, conduit par la providence de Dieu, un certain costeau relevé en arbres, et le croiant très propre pour son dessein et pour y rendre ses vœux à Dieu, il y dressa un petit oratoire, avec une petite logette très pauvre, de laquelle il sortoit fort peu, afin de mieux accomplir l'austérité de vie qu'il s'étoit proposé de tenir, et alors s'oubliant et du monde et de soy-même, il méditoit jour et nuit la loy de son Seigneur. »

Pour sortir de ce labyrinthe inextricable ou si l'on veut, de ce monde enchanté, je ne vois pas d'autre issue que d'abandonner purement et simplement cette intrusion artificielle de Lother, ermite de Saint-Loyer-des-Champs, évêque de Sées, dans la généalogie des princes Lorains, comme l'ont fait d'ailleurs, depuis longtemps, tous les historiens de cette province dignes de ce nom.

Il suffit de citer, par exemple, l'*Histoire d'Austrasie*, en quatre volumes in-8°, publiée à Nancy, en 1863, par Digot, et *Le Royaume d'Austrasie* par Parisot. qui ne font aucune mention du prétendu prince *Austrasien de ce nom*. (1)

Il faut remarquer que le nom de Lother n'implique nullement que l'évêque de Sées de ce nom fût d'origine Austrasienne. Il en est de même de saint Luthuinus, évêque de Trèves, qui rappelle saint Latuin, évêque de Sées, mais avec lequel personne n'a jamais songé à l'identifier.

Il en est de même de saint Chrodegand, évêque de Sées, mort en 770, et de saint Chrodegand, évêque de Metz, mort en 766, qui n'ont entre eux de commun que le nom.

Il est peut-être bon de remarquer que tous les noms des premiers évêques de Sées sont également de forme germanique, à commencer, comme on vient de le voir, par saint Latuin. premier évêque de Sées. Le nom de *Sigisboldus*, son successeur, est un composé de deux racines dont la première se retrouve dans *Sigis-mond*, *Sigis-bers*, *Sigis-vald* qui ressemble fort

______

(1) Renseignements communiqués par M. Duvernoy, archiviste de Meurthe-et-Moselle, qui lui-même prépare une *Histoire de Nancy*.

à *Sigis-baldus*, la seconde dans *Theo-do-baldus*, *Gundo-baldus*, etc.

Notre troisième évêque, Landericus, porte le même nom que le fameux maire du palais, dont l'histoire est dans Frédé-gaire.

Il en est évidemment de même de Hillus, quatrième évêque, dont le nom rappelle Hildebert, Hilderic, Hilpéric, Hildebrande, Hilduin, etc.

L'origine germanique de Hubertus, cinquième évêque, n'est pas moins apparente dans la forme de son nom, et ses homonymes sont nombreux à l'époque mérovingienne (1).

La réserve prudente observée à ce sujet par les auteurs du *Gallia christiana*, par le *Bréviaire de Sées*, publié en 1737 par ordre de Mgr Lallemant, enfin l'opinion du savant abbé J.-B. Blin, nous indiquent, d'ailleurs, la seule voie raisonnable qu'il soit possible de suivre.

------

(1) On peut consulter sur cette question un excellent mémoire de M. d'Arbois de Jubainville : *Augustin Thierry et les noms propres Francs*, publié dans la *Revue des Questions historiques*, sixième année, 1872, p. 90-120.

[illegible]

V

Les titres pompeux de petit-fils d'Inachus, de petit-neveu de Jules César, font
un singulier contraste avec la simplicité du
costume et les habitudes plus que modes-
tes de l'ermite de Saint-Loyer-des-Champs.

Outre le vieux tableau conservé au Palais épiscopal de Sées, il existe une statue
en pierre, sous le nom de saint Lohier,
conservée dans la chapelle qui renferme
son tombeau.

Il est représenté vêtu de la robe et du
manteau d'ermite. D'une main il s'appuie
sur son bourdon, de l'autre il tient un livre
ouvert. Absence complète des attributs de
l'épiscopat, aux pieds de cette statue : ni
mitre, ni crosse, comme dans d'autres ima-
ges analogues, notamment dans la statue
de saint Godegrand, évêque de Sées,
provenant d'Almenèches, et placée sur
l'un des petits autels de l'ancienne église
de Chenay (Sarthe). L'imagier du moyen
âge, qui l'a taillée d'une main inhabile,
mais hardie, a voulu respecter le doute qui
a existé sur l'identité de l'ermite et de l'é-
vêque, à plus forte raison sur l'identité du
même personnage avec le duc d'Austrasie qui figure dans l'arbre généalogique
fabriqué au XVIe siècle en l'honneur de la
maison de Lorraine.

Le culte, dont sa mémoire est encore
aujourd'hui l'objet, forme au héros méro-

vingien dont nous avons essayé de dégager la vivante image, une couronne plus belle que celle dont on a voulu le parer. Ce culte est attesté par une série de documents d'une autorité incontestable.

L'existence de la paroisse de Saint-Lohier-des-Champs, au xiᵉ siècle, est attestée par une charte du roi Henri Iᵉʳ, fils de Guillaume-le-Conquérant, en faveur de l'abbaye de Saint-Pierre-sur-Dives. Par cette charte, le roi d'Angleterre, duc de Normandie, confirma les donations antérieurement faites à cette abbaye par divers seigneurs, entre autres par Foulques d'Aunou-l'Ancien, l'un des plus riches barons de la Normandie au xiᵉ siècle.

D'après un document anglais inédit, cité par l'auteur des *Recherches sur le Domesday-Book* (p. 114), les sires d'Aunou auraient fourni au Conquérant quarante vaisseaux pour son expédition. Il n'est pourtant pas prouvé que Foulques d'Aunou-l'Ancien eût été présent en personne à cette glorieuse campagne ; l'âge ou la maladie purent l'en empêcher. Mais il est certain que lui-même ou l'un des siens ne tarda pas à rejoindre le nouveau roi en Angleterre et qu'il revint avec lui à Caen en 1082.

Ce point établi, nous reprenons la charte du roi Henri Iᵉʳ, contenant l'énumération des libéralités de Foulques d'Aunou en faveur de Saint-Pierre-sur-Dive, et nous y relevons les articles suivants : Les églises d'Aunou-le-Faucon (de *Alnout*), de Vieux-Urou (de *Veteri-Eurou*), de Saint-Nicolas de Tercé (de *Treceio*) ; plus deux portions de la dîme de la paroisse de Saint-Loyer (*Sancti Lotharii*), de Nonantel et de Cordai (*Cordaium*).

La charte de Henri Ier fait en outre mention, parmi les possessions de la même abbaye, de trois acres de terre à Saint-Loyer, d'une à Nonantel, et d'une maison en franche bourgeoisie, sise à Ecouché *(in Escuseio)*.

Pour les lecteurs qui sont du pays, ces détails topographiques d'une précision minutieuse et d'une antiquité qui les rend vénérables, donnent au récit le plus simple une force, un caractère d'authenticité qu'on regrette de ne pas trouver dans les divers éloges de saint-Lohier, que nous avons cités. Le rapprochement de ces noms de localités voisines, connues seulement des habitants des environs d'Argentan, nous semble significatif et nous aimons à y relever les empreintes fraîches encore d'une époque disparue. Tercé, Cordai, Nonantel, sont d'anciens fiefs situés sur la paroisse de Saint-Lohier-des-Champs, dont l'origine, comme on le voit, remonte beaucoup plus haut qu'on ne serait tenté de le supposer.

Il n'est pas douteux d'ailleurs, que bien avant le xie siècle, l'humble ermite des Brousses avait été élevé au rang des saints honorés dans le diocèse, et que près de son modeste oratoire on avait construit une église placée sous son vocable.

L'inscription de son nom dans le *Martyrologe de Silli*, qui date du xiiie siècle, n'est que la consécration nouvelle d'un fait établi depuis une époque lointaine, et que le monument décrit au commencement de cette étude, atteste d'une manière incontestable. Sa fête est marquée au XVII des calendes de juillet qui, dans notre calendrier, correspond au 15 juin.

Ce jour-là, et le lundi de Pâques, les pieux fidèles des environs se rendaient en foule au tombeau de saint Lohier. Cette dévotion était très florissante au XVI° siècle. Le P. Yves Magistri en a consigné le témoignage dans un ouvrage remarquable, mais de toute rareté, publié au XIV° siècle, sous ce titre :

Mirouers et Guides, fort propres pour les dames et damoiselles de France qui seront de bonne volonté envers Dieu et leur salut, tout ainsy que ont esté les tres illustres princesses Madame Jeanne de France et Marguerite de Lorraine... Bourges, 1585, in-4°.

Or, voici deux extraits de ce précieux ouvrage, cité plus haut, copiés sur l'exemplaire que possède la Bibliothèque nationale. J'en dois la communication à l'obligeance de mon savant ami, M. l'abbé Blin, chanoine de la cathédrale de Sées.

On lit au chapitre premier :

Davantage on list ceste bonne dame estre yssue de la lignée du glorieux sainct Louys, Roy de France, et mesmes du benoist sainct Lohier (dont le corps repose en une chapelle distante de la ville d'Argenten environ une lieue), auquel tous les gens du pays ont grande révérence et dévotion, tant pour la perfection et sainteté de sa vie que pour les miracles qui y sont faicts journellement par la grâce divine, au lieu de sa sépulture et à la louange et honneur de Dieu le Créateur, lequel cognoist les temps et lieux auxquels il veut monstrer et magnifier sa divine puissance en ses créatures, leur communiquant les gracieux effets de sa miséricorde et immense bonté, ainsy que tres copieusement il a faict à cette noble dame.

Au chapitre XVI, on lit :

Elle faisoit plusieurs pérégrinations aux églises, fondées de Nostre-Dame ; encore qu'elles fussent esloignées deux ou trois licues de sa maison ou chasteau. Elle y alloit quelquefois à pied par moult grande dévotion. Elle avoit spécialement confiance et révérence au saint Sacrement de l'autei.

Il est fort probable que la bienheureuse Marguerite de Lorraine, dans ses fréquents séjours à Argentan, ne manqua pas de se rendre en pélerinage au tombeau d'un saint personnage qu'elle pouvait considérer comme un de ses glorieux ancêtres, comme le déclare expressément le P. Yves Magistri. Il faut remarquer pourtant que ce dernier n'en a rien dit.

Les historiens qui sont venus après lui ont cru pouvoir suppléer à son silence. Ainsi, le P. Marin Prouverre, le premier, affirme que la pieuse duchesse, bonne Lorraine avant tout, de cœur comme de nom, avait une dévotion particulière pour le tombeau de saint Lohier et y alloit souvent en pélerinage, « parce qu'elle le regardait comme un saint de sa famille ».

Cette tradition a été reproduite par les

différents biographes de la bienheureuse
Marguerite de Lorraine (1).

Parmi les passages les plus intéressants
de l'Eloge de saint Lohier, compilé par
le bon abbé de Courieilles, laborieux chro-
niqueur du XVIIe siècle, on peut citer la
relation donnée par lui d'un miracle opéré
par l'intercession de saint Lohier, dont il
fut témoin. Il existe, en outre, un procès-
verbal en forme, dressé par Mgr Louis
d'Aquin, évêque de Sées, pour recueillir
la déposition de Me Jean Barbot, sieur du
Parc, bourgeois d'Argentan, relative à la
guérison instantanée d'un de ses enfants
qui, vers 1675, recouvra la santé et l'usage
de ses jambes, après avoir été déposé sur
le tombeau de saint Lohier, du temps de
M. Vernel, curé de la paroisse.

Mgr d'Aquin, lors de sa visite de l'église,
en 1702, fit une autre constatation, c'est
qu'il existait dans l'église de Saint-Lohier
deux beaux reliquaires en bois doré, sur-
montés d'une couronne ducale, accompa-
gnés d'une mitre et d'une crosse. Ces
reliquaires avaient été donnés par M.
Vernel, dont on vient de parler.

Il nous reste à rappeler qu'un siècle plus
tard, en 1775, le tombeau fut transporté
du milieu du chœur de la chapelle actuelle
dans la place où on le voit aujourd'hui.
En l'enlevant on remarqua que le lieu
même de la sépulture, placé au-dessous du

---

(1) Mss. des Religieuses de Sainte-Claire d'Alençon. — L'Abbé Laurent, *Hist. de la Bienheureuse Marguerite de Lorraine*, p. 79, 80.

monument, était recouvert de deux rangs
de pierres de taille. On trouva aux pieds
du tombeau, dans la partie qui touchait à
l'autel, une terre grisâtre et semée de
petits grumeaux qu'on jugea être les cendres de saint Loyer. On y découvrit, en
outre, plusieurs ossements d'homme qui
furent examinés et déterminés par M.
Boirel, chirurgien à Argentan. Un grand
nombre de personnes apportèrent des cha-
pelets pour les faire toucher à ces reliques.
Les ossements furent portés sur l'autel de
l'église paroissiale, en attendant qu'ils
fussent enfermés dans une châsse, avec le
procès-verbal de l'évêque. La terre grisâtre qui garnissait le fond de la fosse fut
également enlevée et replacée dans une
nouvelle excavation de médiocre grandeur,
revêtue de maçonnerie, sur les bords de
laquelle devait désormais reposer le socle
du monument à la place actuelle.

Les reliquaires contenant les ossements
furent revêtus du sceau de Mgr Louis d'A-
quin. Pendant la Révolution, une honorable famille de la paroisse, la famille Got,
conserva dans sa maison ces reliquaires
qui, lors du rétablissement de la liberté du
culte catholique, furent replacés sur les
deux côtés de l'autel de l'église paroissiale.

LES SIRES DE SAINT-LOHIER

Si l'ermite Lother est incontestablement le personnage le plus illustre qui ait habité Saint-Loyer-des-Champs; s'il mérite de fixer particulièrement l'attention des habitants de cette commune et des pieux fidèles de la contrée qui visitent son tombeau, il ne semble pas hors de propos de grouper au pied du modeste monument, que nous aussi, nous avons voulu lui élever, les pierres tombales des nobles personnages qualifiés du nom de sires de Saint-Lohier dont l'existence nous est connue depuis le xi⁰ siècle

A une époque que nous ne pouvons préciser d'une façon absolue, mais certainement vers la fin du règne de Guillaume-le-Conquérant, un puissant baron dont nous avons rencontré le nom plus haut, Foulque d'Aunou, confirma aux religieux de Saint-Martin-de-Sées la possession de l'église et de la dîme de Marigni qu'ils tenaient de la libéralité d'Hamelin de Condé (1). Cette donation fut également rectifiée par Bardoul de Montreuil (2). Or, parmi les témoins qui l'accompagnaient figure Serlon de Saint-Lohier (*Sancti Lotherii*). Ces deux chartes

---

(1) Probablement Condé-le-Butor, ancienne paroisse réunie à Belfonds.
(2) Peut-être Montreuil-au-Houlme.

sont contenues dans le *Livre blanc* de Saint-Martin-de-Sées (¹).

La bienveillance et la générosité dont firent preuve les sires de Saint-Lohier à l'égard de deux abbayes de l'ordre de Prémontré, bâties au xiiᵉ siècle sur les limites extrêmes et opposées de la vaste forêt qui au loin enveloppait la plaine d'Argentan d'une frondaison opulente, ont surtout contribué à sauver leur mémoire de l'oubli. Il s'est même produit ce fait assez extraordinaire, que les religieux célébraient la fête de saint Lohier, inscrite à la date du 15 juin dans leur Martyrologe, tandis que dans leurs Cartulaires et leurs Nécrologes ils pouvaient lire les noms des clercs et des nobles chevaliers portant le même nom, à titre d'insignes bienfaiteurs de leurs monastères.

Une bulle du pape Célestin III (1191-1196) contient la ratification du don fait à l'abbaye de Saint-André-de-Gouffern de deux gerbes de la dîme de Frênai (²), par Pierre de Saint-Lohier (*de Sancto Lothario*). Il faut ajouter que le même personnage est qualifié clerc de l'évêque de Sées, dans la charte de l'évêque contenant confirmation de la même donation. Pierre de Saint-Lohier figure d'ailleurs comme témoin dans une autre charte du même évêque relative à une donation semblable de deux

----

(1) Original à la bibliothèque de l'Evêché. Copie aux archives de l'Orne. H 938

(2) Frênai-le-Buffard, ancienne commune réunie à Neuvi-au-Houlme.

gerbes de dîme faite à l'abbaye de Saint-André-de-Gouffern par Mathieu de Beaumais, Guillaume, son fils, et Raoul de Corday. ([1])

Le même pape, par une bulle donnée en son palais de Latran, le 13 des calendes de mai 1192, seconde année de son pontificat, confirma à l'abbaye de Notre-Dame de Silly-en-Gouffern la donation du moulin du Palais (*de Palea villa*) que le même P. de Saint-Lohier avait faite pour le service de la pitance des religieux le jour de son décès. ([2])

Une autre charte, qui contient la preuve des libéralités de cette famille envers la même abbaye, nous fait connaître le nom de Nicolas de Saint-Lohier et de Raoul son frère. Il s'agit cette fois de la donation faite aux chanoines de Silly de quatre vergées de terre en leur propre domaine, entre la lande de Tercé (*de Tercleio*) et la paroisse de Saint-Lohier, plus d'un pré sis sur la rivière d'Orne, en échange d'une autre

------

(1) Léchaudey d'Anisy. *Catalogue des archives départementales du Calvados*, t. I p. 411. 414, 441, numéros 22. 45 et 27 de l'Inventaire des chartes de St-André-de Gouffern. — C'est à tort, évidemment, que M. Léchaudey-d'Anisy a traduit le nom du donateur, *Petrus de Sancto Lothario*, par Pierre de Saint-Léger, au lieu de Pierre de Saint-Lohier.

(2) Archives de l'Orne H. 1042. — Le moulin dont il s'agit, disparu depuis longtemps, était situé sur la petite rivière de Maire, affluent de l'Orne, au point où elle reçoit un petit ruisseau, près du village du Palais sur le territoire de Montreuil-au-Houlme, où, comme on le verra plus loin, les sires de Saint-Lohier avaient des possessions.

terre sise à Mortrée (*Mortereia*), aumônée par Robert de Saint-Lohier, son père. [1]

On possède, en outre, aux Archives départementales, une charte du roi Philippe-le-Bel, du mois de décembre 1302, qui contient le texte d'un acte daté de l'an 1210, par lequel Nicolas de Saint-Lohier, du consentement de Raoul son frère, donna à l'abbaye de Silli le patronage de l'église de Saint-Pierre de Marigni [2] qui jusqu'alors appartenait à sa famille. [3]

On voit par là que les seigneurs de Saint-Loyer étaient les fondateurs de l'église de Marigni, puisque comme patrons, ils avaient droit de présenter à la cure de cette paroisse. On ne doit pas en être surpris puisque l'on sait que leurs possessions s'étendaient sur les paroisses de Fleuré, Tanques, Marsai, Sarceaux, Fontenai et Montmerrei.

Ces deux donations furent confirmées par Foulques d'Aunou. On se souvient que Foulques d'Aunou-l'Ancien avait lui-même donné à l'abbaye de Silli, au xie siècle, le patronage de l'église de Saint-Loyer. [4]

-----

(1) Archives de l'Orne A. 1112 et 1734.

(2) La commune de Marigni, annexée au canton d'O en 1790, fut supprimée par la loi du 6 thermidor an II (24 juillet 1794), ainsi que celles de Brai et d'O. Le territoire de ces trois communes composa alors celui de la municipalité de Mortrée, créé par la même loi et érigée en chef lieu de canton, à la place de la municipalité d'O, supprimée (*Rapport sur l'orthographe des noms des communes du département de l'Orne* p. 71)

(3) Archives de l'Orne H. 1100 et H. 1582.

(4) Archives de l'Orne A 1112 et A 1734.

Nicolas de Saint-Lohier, clerc, probablement différent du précédent, fut appelé lui-même, en 1221 et en 1224, à confirmer la donation faite par Guillaume Balle, de Montreuil (*de Mosterol*), près St-Hilaire à la même abbaye, de la portion de dîme qu'il possédait en la dite paroisse.

Une autre portion de dîme fut donnée à la même abbaye, en 1223, par Richent, nièce de Guillaume Balle, femme de Guillaume Le Sage de Montreuil. Il est spécifié dans la charte que cette portion de dîme se prélevait sur le domaine appelé le *Grand Paalai*, non loin d'Asnebec. Or il existe un lieu dit *le Palais* sur le territoire de Montreuil - au - Houlme, précisément dans la direction de Saint-Georges-d'Annebec. Ces deux donations furent confirmées, la même année, par Robert l'Anglais, *Anglicus* et, l'année suivante, en 1224, par Nicolas de Saint-Lohier, clerc (1).

Ce dernier est encore mentionné, comme bienfaiteur de l'abbaye de Silli dans une charte royale, émanée de Louis VIII ou de Louis IX et rapportée par M. Léopold Delisle, faute de date certaine, à l'année 1225 environ, le manuscrit qui la contient s'étant trouvé endommagé en cet endroit (2) portant confirmation des diverses donations faites à la même abbaye par Robert de Saint-Léonard et par Nicolas de Saint-Lohier.

------

(1) Archives de l'Orne H 1590.

(2) Léopold Delisle. *Cartulaire normand*, numéro 347, n

Mabile de Saint-Loyer, probablement sœur de Nicolas, à son exemple, avait renoncé au monde et avait fait profession dans l'abbaye de Notre-Dame d'Almenèches, voisine du domaine de ses parents ; et l'abbesse étant venue à décéder, en 1135, elle avait été élue à cette dignité.

Les premiers temps de son administration furent marqués par un incident qui prouve que sous saint Louis aussi bien que sous nos autres rois, les fonctionnaires déployaient parfois un zèle excessif pour la conservation des *droits régaliens*, même à l'égard des maisons religieuses. Le roi, en effet, avait la régale, c'est-a-dire la jouissance des bénéfices vacants, et ses baillis ne manquaient pas de mettre la main sur les revenus des abbayes ou évêchés dès qu'une vacance se produisait. C'est ce qui eut lieu naturellement à la mort de l'abbesse d'Almenèches. Mais de plus il arriva que le bailli du roi, Jean des Vignes, sans tenir compte de l'élection de Mabile de Saint-Lohier refusa de donner à la nouvelle abbesse délivrance du temporel de ce monastère. Celle-ci dut recourir à l'intervention de Hugues, évêque de Sées, qui la munit d'une lettre adressée au roi, en date du 30 mai 1235, dans laquelle il attestait que l'élection était parfaitement régulière et qu'il y avait lieu de faire donner main-levée à la dite abbesse de la saisie de son temporel. Mabile de Saint-Loyer fut obligée de se rendre en personne auprès du roi pour lui présenter elle-même cette lettre. Il n'est pas douteux que saint Louis qui mettait la justice au premier rang des vertus d'un roi ne se soit empressé de faire droit à une requête si bien fondée. Mabile put donc, après avoir obtenu du roi pleine satisfaction, reprendre le *gouvernement de son monastère* qu'elle administra sans trouble jusqu'à sa mort. Elle vivait encore au mois de mars 1250, comme le prouve l'accord consenti par elle à cette date au sujet du patronage de Boitron ; mais elle avait été *remplacée* depuis quelques mois par une nouvelle abbesse lorsque Eude Rigaud, archevêque de Rouen, fit sa fameuse visite à Almenèches, le 17 juillet de la même année. (1)

A partir de cette date nous perdons la trace des descendants des anciens sires de Saint-Lohier. Leurs noms durent à n'en pas douter être inscrits dans l'obituaire de Silli. (2) Tout semble indiquer que cette famille s'éteignit avec Nicolas, clerc, et avec l'abbesse d'Almenèches.

Il est certain, en tout cas, qu'au xive siècle, la seigneurerie de St-Lohier appartenait à la famille de Neufbourg. Le 28 août, en effet, Robert de Neufbourg, sei-

______

(1) *Inventaire des Archives de l'Orne*, série H. t. III. Introduction p IV.

(2) Archives de l'Orne 1069. — Si l'on connaissait la date du décès des bienfaiteurs de Silli, il serait facile de les trouver dans l'obituaire dans lequel un grand nombre de noms sont inscrits pour chaque jour. Malheureusement le dépouillement de ce précieux nécrologe n'a pas encore été fait et l'on y a seulement relevé quelques noms.

gneur de Livarot, la vendit pour la somme de mille soixante francs d'or, avec une autre seigneurie située sur le territoire de Moulins-sur-Orne, de Brevaux et d'Occagnes, à Guillaume le Grix. L'acte de vente dont Mannorry de Perteville avait entre les mains un extrait, qu'il cite, nous fait connaître que la seigneurie de Saint-Lohier s'étendait alors aux paroisses de Fleuré, Tanques, Marcé, Sarceaux, Fontenai-sur-Orne et Montmerrei. Ces deux seigneuries furent immédiatement rendues en vertu du droit de retrait féodal, par l'acquéreur, au comte d'Alençon, Pierre II, qui les racheta par acte du 31 août de la même année et qui les réunit au domaine d'Argentan. A partir de ce moment la seigneurie de Saint-Lohier eut le titre de baronnie, comme celle de Marcé, fief ecclésiastique appartenant à l'abbaye de Saint-Vigor-de-Cerési.

Nous savons encore que le 5 novembre 1417, le roi d'Angleterre, Henri V, ayant conquis la Normandie, accorda des lettres de présentation à la cure de Saint-Lohier, alors vacante à Jean Petit, chapelain, affirmant que le droit de patronage de cette église, suivant le rapport qui lui avait été fait appartenait au roi, quoique d'après le Pouillé du diocèse de Sées, le droit de

---

(1) *Abrégé des choses mémorables de la ville et vicomté d'Argentan*, publié dans l'*Annuaire de l'Orne*, année 1864, p. 127.

présentation à cette cure appartint à l'évêque de Sées. (1)

La baronnie de Saint-Lohier comptait
parmi ses vassaux, comme on le voit par
une gage plege de l'année 1685 :

Le marquis d'O ;

Le marquis d'Aligre ;

François de Bernard, écuyer, *sieur de
la Motte* ;

Noble dame Jacqueline de Rosnay, veuve de feu sieur de Dramard ;

Alexandre de Corday, écuyer, *sieur des
Claireventes* ;

Tangui Le Mouton, écuyer, *sieur du
Bois* ;

Jean de Droullin, écuyer, sieur de Saint-
Christophe. (2)

On voit en outre, par un acte de vente
en date du 10 mars 1503 (V. S.), que Robert Le Verrier, écuyer, demeurant à
Marcé, avait acquis, à cette date, divers
héritages à Saint-Lohier. (3)

Un autre acte de vente fait le 22 juin
1626, à dame Renée de Guilbert, veuve de
feu Alexandre Avesgo, écuyer, sieur de
Saint-Lohier, et de Nonantel (4), nous
rappelle que plusieurs membres de fief
existaient sur le territoire de cette paroisse,
indépendamment de la baronnie.

L'abbaye de Silli, d'abord, y possédait une
extention de fief. Parmi les titres qu'elle

---

produisait se trouve une déclaration de Jean Allart qui, le 22 avril 1381, avait reconnu avoir pris en fieffe des religieux deux pièces de terre sur le chemin de Tercé à Laint-Lohier, aboutissant à la terre de Saint-Martin et à celles de Mme de Briqueville. (1)

Les autres fiefs situés sur le territoire de Saint-Lohier étaient, d'après l'état dressé en 1758 par Raousset, intendant du domaine d'Argentan et d'Exmes : (2)

1° les fiefs de Nonantel, appartenant à Sébastien de Viel, écuyer, sieur de Clinchamp, à cause de dame Marie-Suzanne-Jacqueline de Dramard de Nonantel son épouse, fille héritière de Tanneguy de Dramard, écuyer, seigneur dudit lieu. Aveu de ce fief avait été fait au roi, en 1676, par demoiselle Jacqueline de Rosnay veuve de Nicolas Dramard, écuyer, sieur de Chassin, héritière de Marguerite d'Avesgo, sa mère, fille d'Alexandre d'Avesgo écuyer, mentionné ci-dessus ;

2° le fief du Manoir, appartenant aux héritiers de Tanneguy le Mouton, écuyer, relevant du roi, sous Exmes, pour un huitième de fief.

3° le fief de Tercé, appartenant à Charles du Moulin, écuyer, sieur de la Fontenelle, gendarme de la garde ordinaire du roi, héritier de la dame Françoise-Elisabeth de Gaultier, veuve de Philippe du Moulin,

____

(1) Ibid H 1745.
(2) *Annuaire de l'Orne*, 1875, p. 53-54.

écuyer, laquelle l'avait acquis de Charles Ricœur, écuyer.

Nous devons considérer notre tâche comme terminée. Nous nous sommes seulement proposé, en effet, d'élucider l'intéressant problème historique que suggère le tombeau de Saint-Lohier. Nous l'avons étudié d'aussi près qu'il nous a été possible. A d'autres de pousser plus avant — si ce petit travail a réussi à mettre en éveil leur curiosité — et de reconstituer dans son entier l'histoire religieuse et l'histoire civile de cette modeste localité qui nous révélerait sans doute plus d'un fait intéressant que nous ne soupçonnons pas. (1)

____

(1) Pour les documents relatifs à Saint-Lohier que nous pouvons signaler, nous citerons : Archives de l'Orne A-46, 46. Fieffes depuis 1593 — A-116 Rentres. — A-146 plans visuels — A-181, sur le fief de Nonantel, depuis 1564. — *Pouillé du diocèse de Sées*, etc.

APPENDICE

Nous avons eu la bonne fortune d'obtenir de l'obligeance de M. de la Bretèche, maire de Saint-Lohier-des-Champs, par l'intermédiaire de M. Jules Louail, l'investigateur sagace et souvent heureux des choses du passé, communication du *Cantique de Saint-Lohier*, que chantaient en chœur, le 15 juin, les troupes de pélerins qui se rendaient processionnellement à son tombeau. C'est un monument de la piété de nos pères, en même temps qu'un spécimen curieux des essais naïfs de la Muse rustique.

Il est probable toutefois que ce cantique ne nous est pas parvenu dans sa forme primitive et qu'on l'aura corrigé et embelli, à une époque relativement récente pour le mettre en rapport avec les changements que le temps a amenés dans la lithurgie. L'invocation à saint Joseph, par exemple, ne remonte évidemment pas plus haut que le xvii· siècle. Or, le culte public rendu a saint Lohier et les pèlerinages qui se faisaient à son tombeau datent de beaucoup plus haut, et il en est sans doute de même du cantique.

L'invocation à saint Martin, patron de la chapelle des Brousses et à Saint-Nicolas-de-Tercé, s'expliquent d'elles-mêmes. Saint Sébastien patron des Confréries de charité, ne pouvait pas non plus être oublié. Un autre saint, non moins populaire aux environs d'Argentan, saint Roch, méritait bien, lui, d'avoir son couplet. Peut-être l'auteur réservait-il à Saint-Roch tout un cantique que M. Louail réussira à nous découvrir quelque jour.

Cantique de Saint Loyer

15 JUIN

(Air : O Filii et Filiæ)

Alleluia, Alleluia. Alleluia.

1. Chantons tous à ce monument
Chantons y tous dévotement ;
Honneur au Dieu du firmament.
Alleluia...

2 Au tombeau du Saint, à genoux,
Demandons-lui qu'il prie pour nous
Et à son honneur chantons tous :
Alleluia...

3. Dans ce beau tombeau sont enclos,
Avec les cendres plusieurs os
Du Saint qui gît en bon repos.
Alleluia...

4. Nous avons trouvé ce trésor
Que nous estimons plus que l'or ;
A son honneur chantons encor :
Alleluia ..

5. De ce lieu. saint Loyer fit choix,
Pour y demeurer autrefois.
Chantons, disant tous d'une voix :
Alleluia...

6. A saint Loyer rendons honneur
Il fut de Dieu grand serviteur
Et de l'Église un bon Pasteur.
Alleluia...

7. Vous qui venez en grand concours
Implorer du Saint le secours,
Dieu vous bénira et vos jours.
Alleluia...

8. Prions saint Loyer de grand cœur.
    Qu'il soit notre bon protecteur
    Et chantons tous à son honneur
            Alleluia...

9. Grand saint Loyer, du haut des cieux,
    Jetez vos regards sur ces lieux,
    Et nous dirons de mieux en mieux :
            Alleluia...

10. Ayez soin de vos paroissiens
    Et leur obtenez les vrais biens.
    Qu'ils disent dans leurs entretiens :
            Alleluia...

11. Saint Loyer, voyez nos travaux,
    Adoucissez-en tous les maux,
    Corrigez-nous de nos défauts.
            Alleluia...

12. Priez Dieu pour les bonnes gens,
    Saint Loyer, priez pour le temps,
    Et pour les biens qui sont aux champs.
            Alleluia...

13. Priez pour la fertilité,
    Comme aussi pour notre santé,
    Et pour notre félicité.
            Alleluia...

14. Priez, saint Loyer, pour la paix.
    Nous reviendrons ici plus gais
    Chanter tous les ans désormais :
            Alleluia...

15. Gravez, Jésus, dedans mon sein,
    Votre nom si doux et si saint.
    De vous aimer, c'est mon dessein.
            Alleluia...

16. Qu'en mon cœur Jésus soit empreint
    Que j'y pense soir et matin ;
    Pour Jésus, chantons tous sans fin :
            Alleluia...

17. En tout, Jésus je veux chercher.
Je veux fermement m'empêcher
De faire le mal et d'y penser.
    Alleluia...

18. Vierge sainte, pleine d'appas,
Jetez vos regards ici-bas
Protégez nous jusqu'au trépas.
    Alleluia...

19. Et vous, Joseph, son chaste époux,
Grand Saint, de grâce, écoutez-nous,
Nous recourons de tout à vous.
    Alleluia...

20. Saint Martin et saint Sébastien,
Patrons que nous honorons bien,
Soyez notre ferme soutien.
    Alleluia...

21. Et vous aussi, saint Nicolas,
Secourez-nous, ne tardez pas,
Nous vous suivrons jusqu'au trépas.
    Alleluia...

ARGENTAN. — IMP. A. DAMOISEAU